METODOLOGIAS
ATIVAS
de Bolso

Como os alunos podem aprender de forma ativa, simplificada e profunda

José Moran

1ª Edição | 2019

© Editora do Brasil S.A., 2019
Todos os direitos reservados
Texto © José Moran

Presidente: Aurea Regina Costa
Diretor Geral: Vicente Tortamano Avanso
Diretor Comercial: Bernardo Musumeci
Diretor Editorial: Felipe Poletti
**Gerente de Marketing
e Inteligência de Mercado:** Helena Poças Leitão
**Gerente de PCP
e Logística:** Nemezio Genova Filho
Supervisor de CPE: Marta Dias Portero
Coordenador de Marketing: Léo Harrison
Analista de Marketing: Rodrigo Grola

Realização

Direção Editorial: Helena Poças Leitão
Texto: José Moran
Revisão: Balão Editorial
Direção de Arte: Rodrigo Grola
Projeto Gráfico e Diagramação: Rodrigo Grola
**Coordenação
e Supervisão Editorial:** Leo Harrison

```
Dados Internacionais de Catalogação na Publicação (CIP)
     (Câmara Brasileira do Livro, SP, Brasil)

  Moran, José
    Metodologias ativas de bolso : como os alunos
  podem aprender de forma ativa, simplificada e
  profunda / José Moran. -- São Paulo : Editora
  do Brasil, 2019. -- (Arco 43)

    Bibliografia.
    ISBN 978-85-10-07657-9

    1. Aprendizagem - Metodologia 2. Educação -
  Finalidades e objetivos 3. Ensino - Metodologia
  4. Prática pedagógica 5. Professores - Formação
  6. Resolução de problemas 7. Tecnologia educacional
  I. Título. II. Série.

19-27643                                    CDD-371.3
            Índices para catálogo sistemático:

  1. Métodos de ensino : Educação   371.3

  Iolanda Rodrigues Biode - Bibliotecária - CRB-8/10014
```

1ª edição / 7ª impressão, 2024
Impressão: Gráfica Santa Marta

CENU – Avenida das Nações Unidas, 12901 – Torre Oeste, 20º andar
Brooklin Paulista, São Paulo – SP – CEP 04578-910
Fone: +55 11 3226 -0211
www.editoradobrasil.com.br

METODOLOGIAS ATIVAS de Bolso

Como os alunos podem aprender de forma ativa, simplificada e profunda

José Moran

José Moran

Professor da USP, pesquisador e orientador de projetos de transformação na educação.

Blog: www2.eca.usp.br/moran

Sumário

O que são metodologias ativas? 7

Por que as metodologias são importantes? 11

Metodologias para transformar nossas escolas 15

A aprendizagem por tutoria/mentoria 17

Metodologias ativas na aprendizagem personalizada
entre pares e por tutoria/mentoria 19

Aprendizagem personalizada 21

Aprendizagem entre pares 25

As principais aplicações das metodologias ativas 27

Aprendizagem invertida 29

Alguns motivos para a inversão 31

Algumas formas de fazer a inversão 33

A gestão da aprendizagem ou aula invertida 37

Aprendizagem baseada em projetos 39

A importância dos projetos baseados em *design* 45

O projeto mais importante: o Projeto de Vida 47

Diferentes níveis de desenvolvimento de projetos 51

Aprendizagem baseada em investigação e em problemas 55

A aprendizagem baseada em grupos/times 59

Rotação por estações 61

Outras formas de trabalho em grupo 63

Aprendizagem baseada em narrativas, jogos e maker 65

Tecnologias como apoio às metodologias 75

Algumas questões para discussão e aprofundamento 85

Conclusão 89

Para saber mais 91

O que são metodologias ativas?

Me contaram e eu esqueci.
Vi e entendi.
Fiz e aprendi
(Confúcio, pensador chinês, que viveu há 2.500 anos).

As metodologias ativas constituem-se como alternativas pedagógicas que colocam o foco do processo de ensino e de aprendizagem nos aprendizes, envolvendo-os na aquisição de conhecimento por descoberta, por investigação ou resolução de problemas numa visão de escola como comunidade de aprendizagem (onde há participação de todos os agentes educativos, professores, gestores, familiares e comunidade de entorno e digital).

Vendo as salas de aula, vemos as metodologias. Enquanto o método tradicional prioriza a transmissão de informações e tem sua centralidade na figura do docente, no método ativo, os estudantes ocupam o centro das ações educativas e o conhecimento é construído predominantemente de forma colaborativa.

As metodologias ativas procuram criar situações de aprendizagem nas quais os aprendizes possam fazer coisas, pensar e conceituar o que fazem, construir conhecimentos sobre os conteúdos envolvidos nas atividades que realizam, bem como desenvolver a capacidade crítica, refletir sobre as práticas que realizam, fornecer e receber *feedback*, aprender a interagir com colegas, professores, pais e explorar atitudes e valores pessoais na escola e no mundo.

Podemos aprender hoje em múltiplos espaços físicos e digitais, dentro e fora da escola, sozinhos e em grupo, em espaços formais e informais, com inúmeras combinações, caminhos, propostas, roteiros, técnicas, aplicativos, que recriam a escola como comunidade viva de aprendizagem.

Metodologias se expressam em três conceitos-chave, tanto para docentes como para os aprendizes: *maker* (exploração do mundo de forma criativo-reflexiva, utilizando todos os recursos possíveis: espaços-*maker*, linguagem computacional, robótica), *designer* (projetar soluções, caminhos, itinerários, atividades significativas de aprendizagem) e **empreender** (testar ideias rapidamente, corrigir erros, realizar algo com significado).

Metodologias ativas em contextos híbridos — que integram as tecnologias e mídias digitais, realidade virtual e aumentada, plataformas adaptativas — trazem mais mobilidade, possibilidade de personalização, de compartilhamento, de *design* de experiências diferentes de aprendizagem, dentro e fora da sala de aula, dentro e fora da escola.

Metodologias são grandes diretrizes que orientam os processos de ensino e de aprendizagem e que se concretizam em estratégias, abordagens e técnicas concretas, específicas, diferenciadas, em contextos cada vez mais amplos, variados, flexíveis, interessantes e desafiadores.

As metodologias ativas dão ênfase ao papel de protagonista dos aprendizes na sua relação dinâmica com todos os participantes e componentes do processo de ensino e aprendizagem, especialmente com os docentes. Esse processo é, ao mesmo tempo, ativo e reflexivo, de experimentação e análise, sob a gestão dos professores. A aprendizagem híbrida destaca a flexibilidade, a mistura e compartilhamento de espaços, tempos, atividades, materiais, técnicas e tecnologias. Os quais dão significado ao processo ativo de ensinar e aprender.

Ao contrário do método tradicional, que primeiro apresenta a teoria e dela parte, o método ativo busca a prática e dela parte para a teoria. Nesse percurso, há uma mudança de ênfase, do **ensinar** para o **aprender**, e de foco, do docente para o aluno, que assume a corresponsabilidade pelo seu aprendizado.

O entendimento do que são metodologias ativas é bastante diversificado atualmente. Uns, de maneira reduzida, as definem como dominar um repertório de técnicas para envolver mais o aluno. Outros as veem como estratégias mais complexas centradas na participação efetiva dos estudantes e na mediação/mentoria dos docentes. Para outros educadores e gestores, as metodologias são um componente central do movimento da transformação da escola, focada em projetos e na participação ativa e efetiva de toda a comunidade.

A aprendizagem é um processo muito mais amplo do que a escola: acontece em todos os espaços e dimensões do cotidiano, se estende e se amplia ao longo do tempo da nossa vida. As metodologias ativas com modelos híbridos são caminhos para avançar mais no conhecimento profundo e no desenvolvimento de todas as competências necessárias para uma vida plena. As metodologias adquirem um sentido amplo, quando fazem parte de um contexto de transformações profundas na forma de ensinar e de aprender em espaços formais e informais, e quando impulsionam cada um a continuar aprendendo ativamente ao longo da vida.

Por que as metodologias são importantes?

A teoria sem a prática vira "verbalismo",
assim como a prática sem teoria, vira ativismo.
No entanto, quando se une a prática com a teoria
tem-se a práxis, a ação criadora e modificadora da realidade.
Paulo Freire

Metodologias ativas não são um tema novo, mas há hoje mais evidências científicas (psicologia, neurociência e pedagogia) da sua importância para a aprendizagem e evolução de cada pessoa.

Dewey (1950), Rogers (1973), Freinet (1975), Bruner (1978), Ausubel (1980), Freire (1996), Vygotsky (1998), Piaget (2006) — entre tantos outros e com ênfases distintas — mostram como cada pessoa (criança e adulto) aprende de forma ativa e diferente, a partir do contexto em que ela se encontra, do que lhe é significativo, relevante e próximo ao nível de desenvolvimento e competências que possui.

As pesquisas atuais de neurociência comprovam que toda a aprendizagem é de alguma forma ativa, porque exige do aprendiz e do docente formas diferentes de movimentação interna e externa, de motivação, seleção, interpretação, comparação, avaliação, aplicação. Todas as crianças querem aprender, mas precisam encontrar o que lhes apaixona, sensibiliza, emociona, desafia e surpreende.

"A curiosidade, o que é diferente e se destaca no entorno, desperta a emoção. E com a emoção se abrem as janelas da atenção, foco necessário para a construção do conhecimento" (MORA, 2013). A neurociência mostra a importância das crianças se movimentarem para a aprendizagem e do envolvimento sensorial visual, auditivo, espacial, corporal.

Aprendemos, desde que nascemos, a partir de situações concretas, que pouco a pouco conseguimos ampliar e generalizar (processo indutivo) e aprendemos, também, a partir de ideias ou teorias, para testá-las depois no concreto (processo dedutivo), "não apenas para nos adaptarmos à realidade, mas, sobretudo, para transformar, para nela intervir, recriando-a" (FREIRE, 1996).

Henri Wallon afirma que a pessoa é resultado da integração entre afetividade, cognição e movimento. Portanto, a prática educativa deve atender às necessidades da pessoa em desenvolvimento, integrando corpo, inteligência e emoção (GALVÃO, 2011).

Ausubel destaca a aprendizagem significativa, que é um processo pessoal e intencional de construção de novos significados, a partir do que já conhecemos em interação com o meio físico e social.

Vygotsky fala da zona proximal como a distância entre o conhecimento atual de cada aprendiz e o nível de desenvolvimento mais próximo-superior, que ele pode alcançar com a mediação dos docentes e colegas (mediação e interação ativas).

A aprendizagem mais profunda requer espaços de prática frequentes (aprender fazendo) e de ambientes ricos de oportunidades. Por isso, é importante o estímulo multissensorial e a valorização dos conhecimentos prévios dos estudantes para "ancorar" os novos conhecimentos.

A psicologia cognitiva também mostra a importância do *mindset* ou mentalidade para prontidão e ritmo da aprendizagem. Pessoas com uma mentalidade mais aberta podem aceitar melhor fracassos e desafios do que os de mentalidade mais fechada, que têm mais dificuldade em mudar e podem ter baixa autoestima (DWECK, 2006).

As crianças são o resultado de suas experiências. Para compreender seu desenvolvimento, é preciso considerar o espaço em que elas vivem, a maneira como constroem significados e as práticas culturais.

A aprendizagem é um processo muito mais amplo do que a escola. É em 360 graus, constante, multidimensional e ao longo da vida. Aprendemos ativamente em todos os momentos, em processos de *design* abertos, enfrentando desafios complexos, combinando trilhas flexíveis e semiestruturadas, em todos os campos (pessoal, profissional, social) que ampliam nossa percepção, conhecimento, competências para escolhas mais libertadoras e realizadoras. A vida é um processo de aprendizagem ativa, criativa, de enfrentamento de desafios mais complexos, de ampliação de horizontes, de práticas mais libertadoras.

Aprendemos também de muitas maneiras, com diversas técnicas e procedimentos, mais ou menos eficazes para conseguir os objetivos desejados. A aprendizagem ativa aumenta a nossa flexibilidade cognitiva, que é a capacidade de alternar e realizar diferentes tarefas, operações mentais ou objetivos e de nos adaptar às situações inesperadas, superando modelos mentais rígidos e automatismos pouco eficientes.

Aprendizagem por experimentação, por *design* e aprendizagem-*maker* são expressões atuais da aprendizagem ativa, personalizada, compartilhada. A ênfase na palavra ativa precisa sempre estar associada à aprendizagem reflexiva, para tornar visíveis os processos, os conhecimentos e as competências do que estamos aprendendo com cada atividade. Aí que o bom professor, orientador, mentor é decisivo.

Metodologias para transformar nossas escolas

Não é suficiente planejar metodologias ativas de forma isolada. Elas fazem sentido em um contexto de mudança estruturada e sistêmica. Assim, as metodologias ativas podem revelar seu verdadeiro potencial, contribuindo para redesenhar as formas de ensinar e de aprender, a organização da escola, dos espaços, da avaliação, do currículo e da certificação.

Escolas interessantes são as que sabem gerenciar a aprendizagem criativa, autônoma, colaborativa; que fazem grandes perguntas, dão apoio e incentivam os estudantes a pesquisar e aprender juntos em todos os espaços, dentro e fora da escola; envolvendo alunos, famílias e comunidade. Nelas, o currículo explora cada vez mais metodologias ativas, enfatizando a aprendizagem por experimentação, trabalhando com projetos, investigação, resolução de problemas, produção de narrativas digitais e desenvolvimento de atividades *maker*, de forma personalizada e colaborativa em espaços atraentes e flexíveis, presenciais e digitais.

É importante redesenhar os espaços físicos para que sejam mais atraentes, flexíveis e conectados e, também, os digitais, para que utilizem todo o potencial da experimentação, personalização e colaboração com tecnologias móveis e redes sociais. Convém misturar técnicas, estratégias, recursos, aplicativos. Misturar e diversificar. Surpreender os alunos, mudar a rotina. Deixar os processos menos previsíveis.

As escolas utilizam as metodologias de acordo com a situação em que se encontram. Muitas escolas se encontram em um estágio inicial de transformação: utilizam as metodologias ativas de forma pontual, dependendo da iniciativa de alguns docentes e gestores, sem um projeto institucional. Muitas outras se encontram em fase de transformação mais ampla: trabalham de forma mais sistemática e integrada com projetos, investigação, desafios, problemas, aula invertida, experimentação, remodelação dos espaços e avaliação mais complexa. E um terceiro grupo redesenha (de formas diferentes) a escola de forma mais sistêmica e em todas as dimensões: uma escola com ampla participação de todos, uma escola como comunidade viva e uma escola ativa de aprendizagem, onde o currículo é organizado por projetos, desenvolvimento de competências e valores humanos sustentáveis.

É interessante acompanhar os relatos de experiências de docentes com metodologias, para entender, na prática, a diversidade e riqueza de possibilidades de ensinar e aprender, desde Educação Infantil até o Ensino Superior. Veja alguns lugares para começar:

- Práticas de professores para você se inspirar e inovar na sala de aula <http://s3.amazonaws.com/porvir/wp-content/uploads/2018/10/15155053/ebook_desafiodiariodeinovacoes_2018.pdf> <https://www.ibfeduca.com.br/downloads/ebookdesafio2017-v1.5.pdf>
- Guia de práticas inovadoras — Projeto NAVE <http://www.oifuturo.org.br/wp-content/uploads/2018/05/eNAVE.pdf>
- Educação integral na prática <http://educacaointegral.org.br/na-pratica/>

A aprendizagem por tutoria/mentoria

O terceiro movimento na aprendizagem acontece no contato com profissionais mais experientes (professores, tutores e mentores). Eles podem nos ajudar a ir além de onde conseguimos chegar. Eles desempenham o papel de curadores para que cada estudante avance mais na aprendizagem individualizada, desenham algumas estratégias para que a aprendizagem entre pares seja bem-sucedida e conseguem ajudar os aprendizes a ampliarem a visão de mundo que conseguiram nos percursos individuais e grupais, levando-os a novos questionamentos, investigações, práticas e sínteses.

Os bons professores e orientadores sempre serão fundamentais para avançarmos na aprendizagem. Ajudam a desenhar roteiros interessantes, problematizam, orientam, ampliam os cenários, as questões e os caminhos a serem percorridos. O diferente, hoje, é que eles não precisam estar o tempo todo juntos com os alunos, nem precisam estar explicando as informações para todos. A combinação no projeto pedagógico de aprendizagens personalizadas, grupais e tutoriais é poderosa para obter os resultados desejados.

As instituições educacionais interessantes combinam o melhor da personalização, do compartilhamento e da tutoria. Cada estudante, em cada fase da vida, avança na autonomia (personalização) na aprendizagem grupal, colaborativa, compartilhada com tutoria (mediação, mentoria) de pessoas mais experientes em diversas áreas de conhecimento.

Metodologias ativas na aprendizagem personalizada entre pares e por tutoria/mentoria

Metodologias ativas em contextos híbridos permitem combinar e integrar de forma equilibrada a aprendizagem individual — cada estudante percorre e escolhe seu caminho, ao menos parcialmente, e avança no seu ritmo, buscando maior autonomia (personalização) —; **a aprendizagem entre pares, iguais, em grupo**, por meio de projetos, problemas, desafios, debates, aprendizagem por times, instrução por pares, jogos, narrativas em momentos presenciais e *on-line* e a **tutoria/mentoria,** em que a ação docente é mais direta, problematizando, orientando, ajudando na síntese e avaliando. As plataformas digitais caminham para adaptar-se mais às diversas necessidades dos estudantes e tornam visíveis para todos — estudantes e docentes — os diversos percursos e ritmos, os avanços e dificuldades de cada um, o que contribui para que os professores possam planejar melhor as atividades em sala e desenvolver melhor seu papel tutorial, de orientação.

Aprendizagem personalizada

A personalização, **do ponto de vista do aluno**, é o movimento de construção de trilhas que façam sentido para cada um, que os motivem para aprender, que ampliem seus horizontes e os levem a processos de ser mais livres e autônomos. Cada estudante, de forma mais direta ou indireta, procura respostas para suas inquietações mais profundas e as pode relacionar com seu projeto de vida e sua visão de futuro, principalmente se conta com mentores competentes e confiáveis.

A personalização, **do ponto de vista do educador e da escola**, é o movimento de ir ao encontro das necessidades e interesses dos estudantes e de ajudá-los a desenvolver todo o seu potencial, a motivá-los, a engajá-los em projetos significativos, em construção de conhecimentos mais profundos e no desenvolvimento de competências mais amplas.

A personalização na escola tem um nível mais básico, que se denomina individualização, em que os docentes definem estratégias diferentes para cada aluno. A personalização é um processo em que o aluno é coautor do *design* do processo de aprendizagem, do curso ou do currículo.

Há diversas formas e modelos de individualização e personalização. Um primeiro modelo de personalização é o de individualização, em que o docente planeja atividades diferentes para que os alunos aprendam de várias formas (rotação por estações, por exemplo). Outro modelo é desenhar um mesmo roteiro básico para todos os alunos e permitir que eles possam executá-lo no próprio ritmo, realizando a avaliação quando se sentirem prontos e podendo refazer o percurso, sempre que necessário[1]. Outra forma de individualização é colocar os alunos numa plataforma adaptativa (ex. A plataforma Khan, para Matemática) e acompanhar as atividades *on-line* dos alunos, percebendo o grau de domínio de alguns temas em relação aos outros e organizando algumas atividades de apoio de acordo com as necessidades observadas na visualização *on-line*[2]. Há modelos de personalização mais avançados, nos quais os estudantes podem escolher de forma parcial (algumas disciplinas ou temas) ou total seu percurso. Essa última opção acontece em alguns projetos educacionais mais inovadores (BARRERA GOUVÊIA, 2016)[3].

A individualização/personalização é um processo complexo, que exige maturidade e autonomia dos estudantes e também de docentes muito bem preparados, bem remunerados, bom apoio institucional e infraestrutura tecnológica. Os professores precisam descobrir quais as motivações profundas de cada estudante, o que os mobiliza mais para aprender,

---

[1] Para aprofundar este tema: BACICH, L.; TANZI NETO, A. e TREVISANI, F. de M. **Ensino Híbrido: personalização e tecnologia na educação**. Porto Alegre: Penso, 2015.

[2] Para o leitor que não experimentou a plataforma adaptativa, pode entrar em <https://pt.khanacademy.org>, inscrever-se como aluno e realizar os exercícios que achar conveniente. Logo visualizará seu progresso por meio de pontos e medalhas. Se for professor, entre como professor e cadastre alguns alunos e conseguirá ver o percurso de cada um.

[3] BARRERA, Tathyana Gouvêia. **O Movimento Brasileiro de Renovação Educacional no início do Século XX.** São Paulo: FE-USP, 2016. Tese de Doutorado.

os percursos, técnicas e tecnologias mais adequadas para cada situação e combinar equilibradamente atividades individuais e grupais, presenciais e *on-line*.

Para saber mais:

- Educação sob medida:
  <http://porvir.org/especiais/personalizacao/>

Aprendizagem entre pares

Um segundo movimento importante para aprender acontece pelas múltiplas possibilidades de encontros com pessoas próximas e distantes/conectadas, que se agrupam de forma mais aberta ou organizada, pontual ou permanente, formal ou informal, espontânea ou estruturada, sem supervisão ou com supervisão, em contextos confiáveis, de apoio e também nos desafiadores.

Nosso cérebro aprende conectando-se em rede, segundo a neurociência. Todas as iniciativas para abrir os espaços das escolas para o mundo, ampliando as diferentes redes sociais e tecnológicas pessoais, grupais e institucionais, contribuem para oferecer ricas oportunidades de aprendizagem.

A combinação de tantos ambientes e possibilidades de troca, colaboração, coprodução e compartilhamento entre pessoas com habilidades diferentes e objetivos comuns traz inúmeras oportunidades de ampliar nossos horizontes, de desenhar processos, projetos, descobertas, construir soluções, produtos e mudar valores, atitudes e mentalidades. A combinação equilibrada da flexibilidade da aprendizagem híbrida, misturada, entre pares com metodologias ativas — fazendo, refletindo, avaliando e compartilhando — facilita a ampliação da nossa percepção, conhecimento e competência em todos os níveis, se formos abertos e competentes.

O mundo da cocriação, *coworking*, economia criativa, *design* colaborativo e da cultura *maker* comprova a força da colaboração, do compartilhamento e da sinergia para descobrir novas soluções, processos, produtos e organizações. As sociedades mais dinâmicas são as que incentivam a colaboração, o empreendedorismo e a criatividade.

A aprendizagem por projetos, por problemas ou por *design*, que constrói histórias, vivencia jogos, interage com a cidade com apoio de mediadores experientes, equilibra as escolhas pessoais e as grupais, é o caminho que comprovadamente traz melhores resultados em menor tempo e de forma mais profunda na educação formal.

Sozinhos, podemos aprender a avançar bastante; compartilhando, podemos conseguir chegar mais longe; e, se contamos com a tutoria de pessoas mais experientes, podemos alcançar horizontes inimagináveis.

Infelizmente muitos não exploram todas as possibilidades da aprendizagem em rede: limitam-se a compartilhar imagens, vídeos e outros materiais de entretenimento, a manter conversas banais ou a encastelar-se em grupos que reforçam visões estreitas, simplistas ou preconceituosas do mundo. Estar em rede, compartilhando, é uma grande oportunidade de aprendizagem ativa, que uns conseguem explorar com competência, enquanto outros a desperdiçam em futilidades.

As principais aplicações das metodologias ativas

As metodologias ativas num mundo conectado e digital se expressam por meio de modelos de ensino híbridos, *blended*, com muitas possíveis combinações.

Alguns componentes são fundamentais para o sucesso da aprendizagem, como a criação de desafios, de atividades e de jogos que realmente trazem as competências necessárias para cada etapa, que solicitam informações pertinentes, que oferecem recompensas estimulantes, que combinam percursos pessoais com participação significativa em grupos, que se inserem em plataformas adaptativas, que reconhecem cada aluno e ao mesmo tempo aprendem com a interação, tudo isso utilizando as tecnologias adequadas.

Aprendizagem invertida

A aprendizagem invertida é um modelo híbrido, ativo, que faz todo o sentido num mundo conectado, móvel e digital. A aprendizagem invertida transfere para o digital uma parte do que era explicado em aula pelo professor. Os estudantes acessam materiais, fazem pesquisas no seu próprio ritmo e como preparação para a realização de atividades de aprofundamento, debate e aplicação — predominantemente em grupo — feitas na sala de aula, com orientação docente (BERGMANN & SAMS, 2016). A combinação de aprendizagem por desafios, problemas reais e jogos com a aprendizagem invertida é muito importante para que os alunos aprendam fazendo, aprendam juntos e aprendam, também, no seu próprio ritmo.

No ensino convencional, os professores procuram garantir que todos os alunos aprendam o mínimo esperado e, para isso, explicam os conceitos básicos e pedem que os alunos depois os estudem e aprofundem por meio de leituras e atividades.

Hoje, depois que os estudantes desenvolvem o domínio básico de leitura e escrita, podemos inverter o processo. As informações básicas, iniciais sobre um tema ou problema são acessadas por cada aluno de forma flexível e as mais avançadas, com o apoio direto do professor e dos colegas. Esse é um conceito amplo de aula invertida. Há materiais disponíveis sobre qualquer assunto que o aluno pode percorrer por ele mesmo, no ritmo mais adequado. O docente propõe o estudo de determinado tema e o aluno procura as informações básicas na internet, assiste a vídeos e animações e lê textos que estão disponíveis na *web* ou na biblioteca da escola.

O passo seguinte é fazer uma avaliação pedindo que a turma responda a três ou quatro questões sobre o assunto, para diagnosticar o que foi aprendido e os pontos que necessitam de ajuda. Em sala de aula, o professor orienta aqueles que ainda não adquiriram o básico para que possam avançar. Ao mesmo tempo, oferece problemas mais complexos a quem já domina o essencial, assim os estudantes vão aplicando os conhecimentos e relacionando-os com a realidade. Um modelo um pouco mais complexo é partir direto de desafios, o que pode ocorrer dentro de uma só disciplina ou juntando-se várias. Três ou quatro professores que trabalhem com a mesma turma podem propor um problema interessante cuja resolução envolva diversas áreas do conhecimento. É importante que os projetos estejam ligados à vida dos alunos, às suas motivações profundas, que o professor saiba gerenciar essas atividades, envolvendo-os, negociando com eles as melhores formas de realizar o projeto, valorizando cada etapa e principalmente a apresentação e a publicação em um lugar visível do ambiente virtual para além do grupo e da classe.

Alguns motivos para a inversão

- Permite personalização e individualização, o que é importante para o diagnóstico da aprendizagem do aluno.
- Fala a linguagem dos estudantes de hoje (conectados, usuários de diversos recursos digitais).
- Ajuda os alunos ocupados (aqueles que faltam às aulas, que moram longe, que estão sobrecarregados).
- Ajuda os que têm dificuldade de aprendizado (eles podem pausar e voltar o vídeo com a explicação, o que não é possível em uma aula tradicional, e ganham mais atenção do professor durante as tarefas em sala).
- Aumenta a interação do professor com os alunos, que passa a circular na sala durante as atividades.
- Muda o gerenciamento da sala de aula, acabando com problemas com alunos que atrapalham os colegas.
- Permite que os pais participem mais e aprendam junto com seus filhos em casa.
- Induz o que os autores chamam de "programa reverso de aprendizagem para o domínio", no qual os alunos progridem dentro do seu próprio ritmo, caminho que os autores optaram por seguir e desenvolveram ao longo de anos.

As regras básicas para inverter a sala de aula, segundo o relatório *Flipped Classroom Field Guide* são:

1. As atividades em sala de aula envolvem uma quantidade significativa de questionamento, resolução de problemas e de outras atividades de aprendizagem ativa, obrigando o aluno a recuperar, aplicar e ampliar o material aprendido *on-line*;
2. os alunos recebem *feedback* imediatamente após a realização das atividades presenciais;
3. os alunos são incentivados a participar das atividades *on-line* e das presenciais, sendo que elas são computadas na avaliação formal do aluno, ou seja, valem nota;
4. tanto o material a ser utilizado *on-line* quanto os ambientes de aprendizagem em sala de aula são altamente estruturados e bem planejados[4].

---

4   Texto completo disponível em <https://silabe.com.br/blog/sala-de-aula-invertida-o-que-e-exemplo-e-como-por-em-pratica/ >.

Algumas formas de fazer a inversão

- A partir das ideias prévias do aluno.
- Ter ou elaborar bons vídeos. Ensinar a ver os vídeos.
- *Quizzes* (*Edpuzzle*, jogos *Kahoot*). Uma pergunta no meio do vídeo.
- Discussão sobre o vídeo visto em casa, responder as dúvidas e iniciar tarefas/experimentos.
- Atividades em sala de aula com uma quantidade significativa de questionamento, resolução de problemas e de outras atividades de aprendizagem ativa, obrigando o aluno a recuperar, aplicar e ampliar o material apreendido *on-line*.
- Dar *feedback* aos alunos imediatamente após a realização das atividades presenciais.
- Incentivar os alunos a participar das atividades *on-line* e das presenciais, sendo que elas são computadas na avaliação formal do aluno, ou seja, valem nota.
- Tanto o material a ser utilizado *on-line* quanto os ambientes de aprendizagem em sala de aula serem altamente estruturados e bem planejados.
- Propor que os alunos façam pesquisas, desenvolvam algum projeto inicial e o apresentam em classe, para que o professor amplie as informações e dê alguns materiais para aprofundamento.
- Mudar a avaliação.
- Assistir aos vídeos na escola (opção para os que não conseguem antes).

Há muitas formas de inverter esse processo. Pode-se começar por projetos, pesquisa, leituras prévias, produções dos alunos e depois aprofundamentos em classe com a orientação do professor. O curso Ensino

Híbrido, Personalização e Tecnologia oferece vídeos e materiais feitos por professores brasileiros e norte-americanos sobre os diversos aspectos do ensino híbrido, na visão do professor, do aluno, do currículo, da tecnologia, da avaliação, da gestão, da mudança de cultura. Vale a pena ler o livro sobre o mesmo tema (BACICH, TANZI & TREVISANI, 2015).

O articulador das etapas individuais e grupais é o docente, com sua capacidade de acompanhar, mediar e de analisar os processos, resultados, lacunas e necessidades a partir dos percursos realizados pelos alunos de forma individual e em grupo. Esse novo papel do professor é mais complexo do que o anterior de transmitir informações. Precisa de uma preparação em competências mais amplas, além do conhecimento do conteúdo, como saber adaptar-se ao grupo e à cada aluno, planejar, acompanhar e avaliar atividades significativas e diferentes.

Ele pode fazer isso com tecnologias simples, incentivando que os alunos contem histórias, trabalhem com situações reais, que integrem alguns dos jogos do cotidiano. Se mudarmos a mentalidade dos docentes para serem mediadores, eles poderão utilizar os recursos próximos, como os que estão no celular, uma câmera para ilustrar, um programa gratuito para juntar as imagens e contar com elas histórias interessantes.

Este material, da Universidade Federal de Santa Maria, faz uma excelente síntese sobre A Sala de Aula Invertida[5].

---

5   Disponível em: <https://nte.ufsm.br/images/PDF_Capacitacao/2016/RECURSO_EDUCACIONAL/Material_Didatico_Instrucional_Sala_de_Aula_Invertida.pdf>. Acesso em: 13 mar. 2019.

Aula invertida: 11 dicas de como fazer [6]

1. Não existe um único jeito de inverter a aula.
2. Aula invertida não significa menos trabalho para o professor, muitas vezes é o contrário.
3. Faça vídeos curtos e completos, com introdução e revisão, inclusive.
4. Evite editar o vídeo. Mas não deixe de fazer *zoom*. Use uma ferramenta como ZoomIt[7], que permite que se faça *zoom* e desenho na tela em tempo de gravação.
5. Se possível, faça vídeos apenas da tela (com ilustrações do que está falando).
6. Boas atividades em sala são mais importantes que um bom vídeo.
7. Seja prudente. Prepare os pais, os alunos e a direção da escola.
8. Seja simples (tecnologias simples de vídeo e *podcast*).
9. Seja interativo — vídeos com perguntas. Crie atividade para interagir com os estudantes na sala de aula.
10. Seja paciente. A implementação de uma inovação leva tempo.
11. Mantenha a mente aberta. Você vai descobrir coisas. Vão acontecer situações novas que vão desafiar você a fazer outras coisas.

---

6 PITA, Marina. Aula invertida: 11 dicas de como fazer. Disponível em <http://www.arede.inf.br/aula-invertida-11-dicas-de-como-fazer/>. Acesso em: 13 mar. 2019.

7 Disponível em: <https://docs.microsoft.com/pt-br/sysinternals/downloads/zoomit>. Acesso em: 13 mar. 2019.

A gestão da aprendizagem ou aula invertida

A implantação da aprendizagem ou aula invertida pode ser um pouco frustrante no começo. Para estudantes que vem de anos com um modelo diferente, demora a cair a ficha. Por isso, é importante fazer uma boa gestão desse processo. Não desanimar se os resultados iniciais não são os esperados. Repetir a proposta, explicar o porquê da mudança da metodologia. Partir de vídeos interessantes, textos curtos, colocar na internet. Fazer algum tipo de avaliação rápida (um questionário automatizado pelo Google Docs ou outro aplicativo), que valorize os que se prepararam. O professor pode pedir para os estudantes que não se prepararam antes que o façam durante a aula, enquanto os demais realizam atividades de discussão, aprofundamento e aplicação. Os alunos que se veem excluídos da participação nas atividades em grupo (por não terem feito as leituras prévias) sentem que estão perdendo algo importante e se consideram menos valorizados. Isso ajuda a que mudem de atitude e estudem previamente.

Convém também lembrar, no final da aula, o que vai acontecer no estudo prévio e detalhar o que se espera que os estudantes realizem, o como e o porquê. O professor pode enviar alguma mensagem por algum aplicativo em rede para lembrá-los da atividade e dos prazos. Outra forma de incentivo é atribuir algum bônus a quem faz regularmente o estudo prévio.

Outra forma que funciona é realizar o estudo dos materiais prévios, às vezes, na própria sala de aula, para que os alunos se preparem para as atividades mais participativas depois.

É também interessante combinar com os demais professores como eles se articularão para não sobrecarregar os alunos com muitos materiais prévios ao mesmo tempo. Também podem postar alguns materiais comuns a mais de uma área e que podem servir para desenvolver algum projeto em sala depois. Não há uma receita única de sucesso, mas faz sentido insistir em criar essa nova cultura e hábito de estudar antes e realizar atividades mais desafiadores em sala de aula, com a mediação do professor.

Aprendizagem baseada em projetos

Na **aprendizagem por projetos**, os alunos se envolvem com tarefas e desafios para resolver um problema ou desenvolver um projeto que também tenha ligação com sua vida fora da sala de aula. O projeto parte de uma questão norteadora, que orienta a pesquisa. No processo, eles lidam com questões interdisciplinares, tomam decisões e agem sozinhos e em equipe. Por meio dos projetos, são trabalhadas também suas habilidades de pensamento crítico, criativo e a percepção de que existem várias maneiras para a realização de uma tarefa, tidas como competências necessárias para o século XXI. Os alunos são avaliados de acordo com o desempenho durante e na entrega dos projetos (BUCK, 2008).

Essa abordagem adota o princípio da aprendizagem colaborativa, baseada no trabalho coletivo. Buscam-se problemas extraídos da realidade pela observação realizada pelos alunos dentro de uma comunidade. Os alunos identificam os problemas e buscam soluções para resolvê-los.

De acordo com o *Buck Institute for Education* (2008, p. 18)[8], os projetos que se apresentam como efetivos possuem os seguintes atributos:

a. reconhecem o impulso para aprender, intrínseco dos alunos;
b. envolvem os alunos nos conceitos e princípios centrais de uma disciplina;

---

8 *Buck Institute for Education.* **Aprendizagem Baseada em Projetos: guia para professores de ensino fundamental e médio**. 2. ed. Porto Alegre: Artmed. 2008.

c. destacam questões provocativas;

d. requerem a utilização de ferramentas e habilidades essenciais, incluindo tecnologia para aprendizagem, autogestão e gestão do projeto;

e. especificam produtos que resolvem problemas;

f. incluem múltiplos produtos que permitem *feedback*;

g. utilizam avaliações baseadas em desempenho; e

h. estimulam alguma forma de cooperação.

São vários os modelos de implementação da metodologia de projetos, que variam de projetos de curta duração (uma ou duas semanas) — restritos ao âmbito da sala de aula e baseados em um assunto específico — até projetos de soluções mais complexas, que envolvem temas transversais e demandam a colaboração interdisciplinar, com uma duração mais longa (semestral ou anual).

Os principais modelos são:

a. exercício projeto, quando o projeto é aplicado no âmbito de uma única disciplina;

b. componente projeto, quando o projeto é desenvolvido de modo independente das disciplinas, apresentando-se como atividade acadêmica não articulada com nenhuma disciplina específica;

c. abordagem projeto, quando o projeto se apresenta como atividade interdisciplinar, ou seja, como elo entre duas ou mais disciplinas; e

d. currículo projeto, quando não mais é possível identificar uma estrutura formada por disciplinas, pois todas elas se dissolvem e seus conteúdos passam a estar a serviço do projeto e vice-versa.

Tipos predominantes de projetos:

- Projeto construtivo, cuja finalidade é construir algo novo, criativo, no processo e/ou no resultado.
- Projeto investigativo, cujo foco é pesquisar uma questão ou situação, utilizando técnicas de pesquisa científica.
- Projeto explicativo, que procura responder questões do tipo "Como funciona? Para que serve? Como foi construído?". Busca explicar, ilustrar, revelar os princípios científicos de funcionamento de objetos, mecanismos, sistemas etc.

Exemplos de atividades básicas para desenvolver um projeto:

- Atividades para motivação e contextualização (os alunos precisam querer fazer o projeto, se envolver emocionalmente, achar que dão conta do recado, se esforçarem etc.).
- Atividades de *brainstorm* (o espaço para a criatividade, para dar ideias, ouvir os outros, escolher que saber vão produzir e como, argumentar, convencer...).
- Atividades de organização (divisão de tarefas, responsabilidades, escolha de recursos que serão utilizados na produção e nos registros, elaboração de planejamento etc.).
- Atividades de registro e reflexão (autoavaliação, avaliação dos colegas, reflexão sobre qualidade dos produtos e processos, identificação de necessidade de mudanças de rota.)
- Atividades de melhoria de ideias (pesquisa, ideias de outros grupos, incorporação de boas ideias e práticas).

- Atividades de produção (aplicação do que estão aprendendo para gerar os produtos).
- Atividades de apresentação ou de publicação do que foi gerado (com celebração e avaliação final).

Há **enfoques diferentes na aprendizagem por projetos**. Os **projetos podem ser escolhidos pelos docentes ou pelos estudantes**. No primeiro caso, o planejamento é feito por docentes, escolhendo o desafio, o nível de complexidade do roteiro de atividades, o prazo e a forma de entrega (produto). Essa proposta pode ser negociada com os estudantes, mas é o professor que decide.

Outras escolas partem dos interesses dos alunos, do que os motiva, e dialogam com eles para validar a estruturação desse interesse em projetos que, num diálogo permanente, consigam atender ao que o aluno quer e ao que a escola espera naquele momento (competências desenvolvidas, conteúdos *just in time*). Os projetos partem dos usuários e são negociados com os docentes da escola. O ponto de partida é o interesse do estudante e, a partir dele, o professor fará o currículo surgir durante o processo.

Outra variante importante é trabalhar com **projetos reais ou simulados**. Hoje, há uma ênfase em projetos reais, trazidos da comunidade, do entorno, mapeados com organizações sociais relevantes, com órgãos públicos, empresas. Esse levantamento de projetos prévio muda a percepção do aluno: ele sabe que está aprendendo com um projeto que contribui para a melhoria de um grupo real, de uma cidade real. São os projetos para aprendizagem-serviço. São projetos de aprendizagem e, simultaneamente, de transformação social. Combinam as dimensões de aprendizagem e serviço. A mobilização intelectual e emocional dos estudantes é muito superior pelo compromisso que assumem com a população. Existem, principalmente no Ensino Técnico e no Superior, incrementos de parcerias com empresas em que os estudantes aprendem com situações práticas supervisionadas por um mentor e que são componentes curriculares validados pela instituição escolar (parceria escola-empresa).

Projetos **simulados** são também importantes, por exemplo, como forma de testar situações de risco em realidade virtual ou aumentada sem risco real (simulações com materiais perigosos; simulações de operações em corpos virtuais para poder errar antes de operar em corpos reais; testes também em laboratórios virtuais de engenharia ou saúde em lugares distantes, com poucos laboratórios de ponta).

Ambos os tipos de projetos podem ser combinados de acordo com a situação e as necessidades. Mas participar em um jogo de simulação de empresas é diferente do que em um projeto real de criação de empresa, como desafio de torná-la efetivamente viável.

Entre projetos e problemas, há certa superposição e interpretações diferentes: para o BIE, os problemas têm um planejamento mais detalhado; enquanto que, para Blumenfeld, o foco na aprendizagem por problemas está no processo e nos projetos também o produto final. Na prática, os projetos pesquisam e tentam resolver problemas.

Há projetos que são individuais (cada docente os gerencia), enquanto outros são integrados (vários docentes participam ativamente, no planejamento, implementação e avaliação). Essa integração pode acontecer em níveis progressivos de complexidade, começando no modelo disciplinar (projetos interdisciplinares), em projetos por área de conhecimento, em projetos por módulos ou em currículo por competências e projetos.

Alguns vídeos sobre aprendizagem por projetos:

- Pedagogia de Projeto (Univesp)
  < https://www.youtube.com/watch?v=Nph1ggOUHjY >
- Aprendizagem baseada em projetos (Entendendo o método)
  < https://www.youtube.com/watch?v=_8xiH6oLK1O >
- Aprendizagem baseada em projetos
  < http://www.youtube.com/watch?v=ZPO79s7TVK8 >
- A PBLU (Project Based Learning University) mostra como desenvolver projetos passo a passo. É um *site* gratuito, mas está em inglês.
  < http://pblu.org/ >

A importância dos projetos baseados em *design*

Design thinking é uma abordagem de aprendizagem investigativa por projetos a partir das necessidades das pessoas envolvidas em que elas colaboram de forma intensa para encontrar alguma solução que é projetada entre todos. As etapas básicas são: descoberta, interpretação, ideação, prototipação e evolução (melhorias).

Na descoberta, há escuta atenta de um grupo, em que ele vai desvendando algum problema, algo que pode ser melhorado. A partir de uma escuta acolhedora e aberta do mediador, o grupo vai interpretando o contexto, levantando ideias e desenhando uma solução de consenso, que é testada, validada e aperfeiçoada.

- Um vídeo com três exemplos da aprendizagem por projetos – partindo das necessidades dos usuários (Mapa da empatia – *Design Thinking*): Aprendizagem por projetos – Prototipação (Univesp).[9]

A metodologia empregada pelo *Design for Change* (idealizada por Kiran Seth na escola Riverside na Índia) estimula o potencial criativo das crianças, de modo a permitir que elas utilizem a imaginação e o *design* como ferramentas para solucionar desafios do cotidiano. Isso tudo baseado nos preceitos de **Sentir** (o mundo a nossa volta), **Imaginar** (melhorias), **Fazer** (colocá-las em prática) e **Compartilhar**.

---

9 Disponível em: <https://www.youtube.com/watch?v=7c-xGzNOQI4>. Acesso em: 14 mar. 2019.

A partir dos preceitos, a criança é convidada a sentir algo que a incomoda, a imaginar com os seus colegas possíveis soluções utilizando pesquisas e entrevistas, fazer com que a solução escolhida seja posta em prática e, por fim, compartilhar esse percurso para inspirar outras pessoas[10].

---

10 Disponível em: <http://criativosdaescola.com.br/wp-content/uploads/2017/03/Material-de-apoio_2017.pdf>. Acesso em 14 mar. 2019

O projeto mais importante: o Projeto de Vida

A aprendizagem baseada em projetos ganha um significado mais profundo e amplo quando se organiza em torno do Projeto de Vida. É como um componente central de um LEGO, no qual os demais projetos se encaixam e fazem sentido, integrados num conjunto maior.

Projeto de Vida é um roteiro de aprendizagem ativa, contínua e em espiral, que torna visível as dimensões estruturantes de cada pessoa: quem somos, de onde viemos e para onde caminhamos. É projeto aberto de autoaprendizagem, multidimensional, em contínua construção e revisão e que pode se modificar, se adaptar e se transformar ao longo da vida.

O Projeto de Vida bem idealizado é do interesse de todos — professores e estudantes — porque lhes ajuda a propor perguntas fundamentais, a buscar as respostas possíveis, a fazer escolhas difíceis e a avaliar continuamente seu percurso. Isso dará sentido e prazer ao aprender em todos os espaços e tempos e de múltiplas formas.

O Projeto de Vida na escola faz parte da metodologia de projetos, de aprendizagem ativa de valores, competências para que cada estudante encontre relevância, sentido e propósito no seu processo de aprender, e o integre dentro das suas vivências, reflexões, consciência e visão de mundo. É formado por um conjunto de atividades didáticas intencionais que orientam o estudante a se conhecer melhor, descobrir seu potencial, dificuldades e também os caminhos mais promissores para seu desenvolvimento e realização integral.

A Figura 1 mostra graficamente o **Projeto de Vida** como eixo central do currículo na escola.

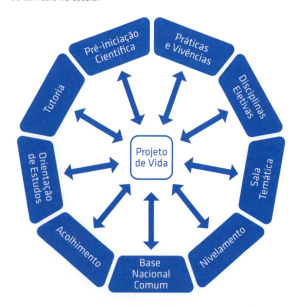

Fonte: Diretrizes do Programa Ensino Integral – Caderno do Gestor, SEE, SP, 2015.

Referências para desenvolver o Projeto de vida:

- Inova Escola: Projeto de Vida:
    <http://fundacaotelefonica.org.br/inovaescola/projeto-de-vida.html>
- Aulas de Projeto de Vida. 1° e 2º anos do Ensino Médio:
    <http://www.iema.ma.gov.br/wp-content/uploads/2016/12/MATERIAL-DO-EDUCADOR-AULAS-DE-PROJETO-DE-VIDA.pdf>

- Projeto de Vida: <https://fundacaolemann.org.br/materiais/projeto-de-vida>

Diferentes níveis de desenvolvimento de projetos

Todas as organizações estão revendo seus métodos tradicionais de ensinar e de aprender. Algumas estão ainda muito ancoradas em métodos convencionais, mais centrados na transmissão de informações pelo professor. Metodologias ativas com projetos são caminhos para iniciar um processo de mudança, desenvolvendo as atividades possíveis para sensibilizar mais os estudantes e engajá-los mais profundamente.

Projetos dentro de cada disciplina ou área de conhecimento

Os projetos podem ser desenvolvidos inicialmente dentro de cada disciplina ou área de conhecimento, com várias possibilidades (dentro e fora da sala de aula; no início, meio ou fim de um tema específico), como aula invertida, aprofundamento após atividades de ensino-pesquisa ou aula dialogada. Podem ser desenvolvidos projetos a partir de jogos, principalmente jogos de construção, de roteiros abertos, como Minecraft. Projetos podem ser construídos por meio de narrativas, de histórias (individuais e de grupo) contadas pelos próprios estudantes, utilizando a facilidade dos aplicativos e tecnologias digitais, combinadas também com histórias dramatizadas ao vivo (teatro) de grande impacto. Os estudantes podem produzir projetos reais, da ideia ao produto nos *fab-labs*, nos laboratórios digitais, conhecendo programação de forma lúdica como o Scratch.

Projetos integradores (interdisciplinares)

Um nível mais avançado de realização de projetos acontece quando estes integram mais de uma disciplina ou área de conhecimento e envolvem vários docentes no seu planejamento, acompanhamento e avaliação. A iniciativa pode partir de alguns professores ou fazer parte do projeto pedagógico da instituição. São projetos que articulam vários pontos de vista, saberes, áreas de conhecimento, trazendo questões complexas, do dia a dia, e que fazem os estudantes perceber que o conhecimento segmentado (disciplinar) é composto de olhares pontuais para conseguir encontrar significados mais amplos. Os problemas e projetos interdisciplinares ajudam muito a entender as conexões entre disciplinas e áreas de conhecimento. Podem ser realizados utilizando todas as técnicas apontadas anteriormente (dentro e fora da sala de aula, em vários espaços, onde o digital pode ser muito importante, assim como o desenvolvimento de jogos, histórias e produtos).

Projetos interdisciplinares importantes são os que estão próximos da vida e do entorno dos estudantes, que partem de necessidades concretas e que expressam uma dimensão importante da aprendizagem hoje que é a da aprendizagem-serviço. Estudantes e professores, em contato com diferentes grupos e problemas reais, aprendendo com eles e contribuindo com soluções concretas para a comunidade. Os estudantes não só conhecem a realidade, como simultaneamente contribuem para melhorá-la, o que dá um sentido muito mais profundo ao aprender. O estudante aprende não só para si, mas também para melhorar a vida dos demais. A combinação de projetos interdisciplinares com o conceito de aprendizagem-serviço, com apoio de recursos digitais é um caminho fantástico para engajar os estudantes no conhecimento, vivência e transformação de um mundo complexo e em rápida mutação.

Outra dimensão dos projetos está voltada para que cada estudante se conheça mais como pessoa (autoconhecimento), desenvolva um projeto de futuro (possibilidades a curto e médio prazo) e construa uma vida com significado (valores, competências amplas). É o Projeto de Vida, que organizações mais atentas incluem no currículo como eixo transversal importante, com alguns momentos fortes ao longo do curso e alguma forma de mentoria, de orientação pessoal dos estudantes.

Projetos transdisciplinares

A aprendizagem supera o modelo disciplinar e parte de problemas e projetos mais simples até os mais complexos, individuais e grupais. A Aprendizagem Baseada em Problemas (PBL, do inglês *Problem Based Learning*) é o caminho mais consolidado de aprendizagem por problemas na área de saúde. Há um movimento forte e consistente, na Educação Básica, no Ensino Superior e na Educação de Jovens e Adultos no mundo inteiro de desenvolver currículos mais transdisciplinares a partir de problemas, projetos, jogos e desafios. São escolas que desenvolvem o currículo por projetos. Esse é o caminho mais interessante, promissor e inevitável de aprender num mundo complexo, imprevisível e criativo.

Aprendizagem baseada em investigação e em problemas

Um dos caminhos mais interessantes de **aprendizagem ativa** é por meio da **investigação** (ABIn: Aprendizagem Baseada na Investigação). Os estudantes, sob orientação dos professores, desenvolvem a habilidade de levantar questões e problemas e buscam — de forma individual e em grupo, utilizando métodos indutivos e dedutivos — interpretações coerentes e soluções possíveis[11]. Isso envolve pesquisar, avaliar situações, pontos de vista diferentes, fazer escolhas, assumir alguns riscos, aprender pela descoberta e caminhar do simples para o complexo. Os desafios bem planejados contribuem para mobilizar as competências desejadas, intelectuais, emocionais, pessoais e comunicacionais. Nas etapas de formação, os alunos precisam de acompanhamento de profissionais mais experientes para ajudá-los a tornar conscientes alguns processos, a estabelecer conexões não percebidas, a superar etapas mais rapidamente e a confrontá-los com novas possibilidades.

A aprendizagem baseada em problemas (PBL, em inglês ou ABProb, como é conhecida hoje) surgiu na década de 1960, na Universidade McMaster, no Canadá, e em Maastricht, na Holanda, em escolas de Medicina, inicialmente. A ABProb/PBL tem sido utilizada em várias outras áreas do

---

11   BONWELL, C. C.; EISON, J. A. **Active learning**: creating excitement in the classroom. Washington, DC: Eric Digests, 1991. Disponível em: <www.eric.ed.gov/PDFS/ED340272.pdf>. Acesso em: 14 mar. 2019.

conhecimento — Administração, Arquitetura, Engenharias, Computação — também com a denominação de Aprendizagem Baseada em Projetos (ABP ou PBL).

A ABP tem como base de inspiração os princípios da escola ativa, do método científico, de um ensino integrado e integrador dos conteúdos, dos ciclos de estudo e das diferentes áreas envolvidas, em que os alunos aprendem a aprender e se preparam para resolver problemas relativos às suas futuras profissões. A ABP mais ampla propõe uma matriz não disciplinar ou transdisciplinar, organizada por temas, competências e problemas diferentes, em níveis de complexidade crescentes, que os estudantes deverão compreender e equacionar com atividades em grupo e individuais. Cada um dos temas de estudo é transformado em um problema a ser discutido em um grupo tutorial que funciona como apoio para os estudos (VIGNOCHI, 2009).

Estas são as fases da PBL na *Harvard Medical School*:

- Fase I: Identificação do(s) problema(s); Formulação de hipóteses; Solicitação de dados adicionais; Identificação de temas de aprendizagem; Elaboração do cronograma de aprendizagem; Estudo independente.
- Fase II: Retorno ao problema; Crítica e aplicação das novas informações; Solicitação de dados adicionais; Redefinição do problema; Reformulação de hipóteses; Identificação de novos temas de aprendizagem; Anotação das fontes.

- Fase III: Retorno ao processo; Síntese da aprendizagem; Avaliação[12]. Aprendizagem Baseada em Problemas (Univesp)[13]

---

12   WETZEL, M. **An update on problem based learning at Harvard Medical School**. Ann Com Orient Educ. 1994; 7: 237-47

13   Disponível em: <https://www.youtube.com/watch?v=YhB44GtyNhI>. Acesso em: 14 mar. 2019.

A aprendizagem baseada em grupos/times

A **aprendizagem baseada em times** (*team based learning*) tem várias formas de aplicação. A mais usual começa com os alunos acessando um conteúdo específico e fazendo uma avaliação individual. Depois, os alunos se reúnem em equipes e discutem as mesmas questões, procurando chegar a um consenso e compartilhando as respostas com todos os demais. O professor acompanha os grupos e pode fazer pequenas intervenções. Aplicativos de verificação imediata de resposta, como o Plikers ou o Kahoot, são bastante utilizados. O professor pode também trazer desafios e problemas próximos da vida e da realidade dos estudantes.

O professor faz a mediação final, incorporando possíveis novas contribuições dos alunos, completando algum ponto que precise de maior aprofundamento e contextualizando de forma mais ampla o tema tratado. Os alunos são avaliados pelo seu desempenho individual e também pelo resultado do trabalho em grupo, em que os alunos avaliam colegas (avaliação entre pares), o que gera maior responsabilidade e envolvimento.

Rotação por estações

Uma forma interessante de aprendizagem em times é planejar atividades diferentes — uma ao menos digital — para serem feitas em grupo, com tempos iguais. Podem ser realizadas atividades de leitura, análise, debate, produção de texto, mapa conceitual, vídeo etc. Um ou mais grupos podem desenvolver atividades *on-line* e liberar o professor para que possa acompanhar mais de perto outros grupos. Os grupos se revezam ao mesmo tempo e todos passam pelas diferentes estações.

Ao final, é importante que os alunos e o professor compartilhem suas descobertas e questões que a dinâmica suscitou.

Alguns exemplos de Rotação por estações

- Vídeo que explica um exemplo de Rotação por estações: <https://www.youtube.com/watch?v=2TZALzGbAYg>[14]
- Contribuições do Google Sala de Aula para o Ensino Híbrido – Relato de uma experiência de rotação por estações no ensino de Matemática utilizando o ambiente Sala de Aula do Google. <http://seer.ufrgs.br/index.php/renote/article/view/70684/40120>[15]

---

[14] Acesso em: 18 mar. 2019.

[15] Acesso em: 18 mar. 2019.

- Metodologias ativas no ensino de Geografia
  O Professor Fernando ensina Geografia no Ensino Médio com aula invertida e aprendizagem em grupos.
  <http://porvir.org/professor-leva-metodologias-ativas-e-tecnologia-para-a-aula-de-geografia/>[16]
- Exemplo de Rotação por estações na Escola Municipal Américo Capelozza:
  <http://emefcapelozza.blogspot.com/2014/11/experimentacao-de-ensino-hibrido.html>[17]

---

[16] Acesso em: 18 mar. 2019.

[17] Acesso em: 18 mar. 2019.

Outras formas de trabalho em grupo:

- estudo de casos relacionados com áreas de formação profissional específica;
- debates sobre temas da atualidade;
- geração de ideias (*brainstorming*) para buscar a solução de um problema;
- rotinas simples para exercitar o pensamento (tornar o pensamento visível a partir de perguntas problematizadoras);
- produção de mapas conceituais para esclarecer e aprofundar conceitos e ideias;
- criação de portfólios digitais para registro e acompanhamento da aprendizagem pessoal e grupal;
- avaliação por pares (Avaliação entre grupos).

Aprendizagem baseada em narrativas, jogos e *maker*

Uma das formas mais eficientes de aprendizagem desde sempre se dá por meio de histórias contadas (narrativas) e histórias em ação (vividas e compartilhadas). Bruner mostra que as narrativas são linguagens que contribuem para tornar significativa a aprendizagem na vida dos estudantes por meio da interação pela reelaboração das diversas experiências (BRUNER, 2001).

A narrativa digital permite que os estudantes se tornem contadores de histórias criativas, a partir de pesquisas, roteiros, integrando materiais multimídia, gráficos, música, áudios e realidade virtual. Nos ambientes transmídia, as narrativas digitais são cada vez mais imersivas e interconectadas, envolvem múltiplas linguagens e são menos lineares do que costumam ser as narrativas tradicionais. Podem ser utilizadas para resolver problemas e para desenvolver o pensamento crítico de forma mais direta, explícita ou mais indireta ou sutil.

Contar, criar e compartilhar **histórias** é muito mais fácil hoje. Crianças e jovens conseguem e gostam de produzir vídeos e animações e postá-los imediatamente na rede. Existem aplicativos fáceis de edição nos *smartphones*.

Os alunos, no processo de criação de narrativas digitais, desenvolvem habilidades de comunicação aprimoradas à medida que aprendem a conduzir pesquisas sobre um assunto, fazer perguntas, organizar ideias, expressar opiniões e construir narrativas significativas.

Os alunos que participam da completa experiência de contar histórias digitais também podem se beneficiar aprendendo a criticar seu próprio trabalho, assim como o trabalho de outros, facilitando o aprendizado social e a inteligência emocional.

Para os praticantes de narração digital fora da educação, a tecnologia é mais frequentemente usada para criar narrativas pessoais que documentam eventos importantes na vida de alguém. No entanto, a narrativa digital também pode ser uma ferramenta poderosa na sala de aula quando usada para produzir documentos históricos, bem como apresentações instrucionais que informam um conceito ou prática particular aos espectadores.

As narrativas digitais podem ser utilizadas, por exemplo, para recontar eventos históricos. Em um ambiente de sala de aula, os alunos podem usar fotografias históricas, manchetes de jornais, discursos, gravar vídeos e outros materiais disponíveis para criar cenas que ilustrem e visibilizem eventos do passado.

Construímos nossas histórias pessoais e nossos projetos de vida num rico fluir de passagens e linguagens entre os diversos espaços físicos e digitais, que se entrecruzam, superpõem e integram incessantemente. Nossa vida é uma narrativa dinâmica com enredo fluido, costurado com fragmentos das múltiplas histórias que vivenciamos e compartilhamos de diversas formas com alguns mais próximos, física e digitalmente. Nessa narrativa em construção, a vida adquire mais sentido, quando conseguimos perceber alguma coerência, alguns padrões importantes, junto com descobertas iluminadoras. Construímos a vida como uma narrativa, com enredos múltiplos, com diversos atores internos e externos, que se explicita nessa troca incessante de mensagens, vivências e saberes. Aprendemos mais e melhor quando encontramos significado para o que percebemos, somos e desejamos, quando há alguma lógica nesse caminhar — no meio de inúmeras contradições e incertezas — que ilumina nosso passado e presente e orienta nosso futuro.

Para saber mais sobre narrativas digitais:

- Um aplicativo prático para criar histórias em quadrinhos <http://www.toondoo.com>[18]
- História Digital (materiais digitais sobre o ensino de História) <http://www.historiadigital.org>[19]
- *E-book* sobre cultura *maker* na escola: <https://materiais.naveavela.com.br/ebook-1-cultura-maker-na-escola-site>[20]
- Porvir lança simulador para montar laboratório *maker*: <http://porvir.org/porvir-lanca-simulador-para-montar-laboratorio-maker/>[21]

Os jogos tradicionais e os digitais diferenciam-se, principalmente, pela interatividade e imersão, o que pode resultar em uma possibilidade de cocriação do jogador, pois o jogo pode se reconstruir a cada ação ou atitude desempenhada.

---

18 Acesso em: 19 mar. 2019.

19 Acesso em: 19 mar. 2019.

20 Acesso em: 19 mar. 2019.

21 Acesso em: 19 mar. 2019.

Os jogos colaborativos e individuais, de competição e colaboração, de estratégia, com etapas e habilidades bem definidas, se tornam cada vez mais presentes nas diversas áreas de conhecimento e níveis de ensino.

Alguns dos benefícios de utilizar os jogos digitais são:

- aprendizagem lúdica, brincando;
- capacidade de simulação;
- organizar elementos para atingir algum objetivo;
- enfrentar situações/problemas;
- ter *feedbacks* imediatos;
- definir estratégias colaborativas entre parceiros;
- fazer suas próprias descobertas por meio do brincar; criar novos produtos (construções, ex. Minecraft).

Você pode falar em *gamification (gamificação)* de duas formas: uma é jogar um jogo como um sistema de motivação. Ao contrário de um projeto, você tem uma equipe e um plano. Outra diferente é criar um sistema de aprendizado baseado em jogos, quando se usa um jogo para criar uma nova oportunidade. O *Minecraft*, por exemplo, já é utilizado em milhares de escolas para ajudar os alunos a entender geometria, artes e até programação. E uma coisa que a maioria dos professores não sabe sobre o *Minecraft*: apenas em um terço do tempo as pessoas estão jogando de fato. O restante do tempo elas gastam colaborando, compartilhando outras ideias, pesquisando, vendo vídeos para descobrir dicas, fazendo análises sobre construçãoe etc. Porque é preciso planejar a construção nas dimensões corretas, em vez de construir aleatoriamente. Os alunos se planejam para construir e os professores veem isso.

O que defendemos é que os alunos estejam aplicando seu aprendizado usando várias disciplinas — porque é isso que está ocorrendo na mente deles. O aprendizado baseado em jogo libera outros potenciais, outras formas de encarar as coisas e lidar com a realidade.

Gamificação é pensar em ferramentas de jogos em contextos fora dos jogos, incentivando as pessoas a acharem soluções e premiar estas atitudes. Cursos gratuitos como o Duolingo (<https://www.duolingo.com/>)[22] são atraentes porque utilizam todos os recursos de atratividade para quem quer aprender: cada um escolhe o ritmo, vê o avanço dos seus colegas, ganha recompensas. Para gerações acostumadas a jogar, a linguagem de desafios, recompensas, de competição e cooperação é atraente e fácil de perceber.

A realidade virtual aumenta as possibilidades de aprender a partir de jogos atraentes e de materiais gamificados. Eles incentivam tanto a colaboração como a competição, principalmente em grupo. Permitem que os professores gamifiquem as aulas que desejarem: desde ações simples como "escolha uma opção" até uma experiência mais complexa que envolva vários jogadores em cenários pré-históricos ou medievais.

A seguir, alguns materiais sobre jogos:

- Desafio da Casa Econômica: <https://pt.calameo.com/read/00013105434c7060e9ee5>[23]

---

22 Acesso em: 19 mar. 2019.

23 Acesso em: 19 mar. 2019.

- Um vídeo interessante sobre Jogos na Educação, no programa *Olhar Digital.*
  <https://olhardigital.com.br/games-e-consoles/video/game-vira-ferramenta-na-sala-de-aula-e-alunos-dao-show-em-matematica/76015>[24]
- Minecraft na educação:
  <https://www.youtube.com/watch?v=QMuaYFmpCvM>
  <https://www.youtube.com/watch?v=gs2W7Z3ecv4>
  <https://www.youtube.com/watch?v=DK1QO15quM4>
  <https://www.youtube.com/watch?v=HoRcLi7IrnO&feature=youtu.be>[25]
- Gamificação:
  <http://www.opusphere.com/voce-ja-sabe-o-que-e-gamificacao/>[26]
- Gamificação no ensino – Unicamp:
  <http://www.inovacao.unicamp.br/reportagem/gamificacao-do-ensino-tenta-engajar-estudantes/>[27]
  <http://porvir.org/porfazer/8-principios-da-gamificacao-produtiva/20140228>[28]
  <http://www.ludificador.com.br>[29]
- *E-books* gratuitos de *game design.*
  <http://historias.interativas.nom.br/incorporealproject/>[30]

---

[24] Acesso em: 19 mar. 2019.

[25] Acesso em: 19 mar. 2019.

[26] Acesso em: 19 mar. 2019.

[27] Acesso em: 19 mar. 2019.

[28] Acesso em: 19 mar. 2019.

[29] Acesso em:: 19 mar. 2019.

[30] Acesso em 19 mar. 2019.

Há hoje um grande estímulo da **cultura *maker***, de experimentar da ideia ao produto, desenvolvendo o pensamento computacional, como uma nova linguagem que organiza, expressa e comunica ideias, desenvolve a criatividade e permite que os estudantes transformem suas ideias em produtos.

Make significa "fazer" e o movimento *maker* defende o "faça você mesmo", incentivando que professores e estudantes criem e desenvolvam seus projetos.

O movimento *maker* apresenta algumas características: o uso de ferramentas digitais para o desenvolvimento e prototipagem de projetos de novos produtos; a cultura de compartilhamento de projetos e de colaboração entre comunidades; e a adoção de formatos comuns de arquivos de projetos.

O movimento tem incentivado os projetos interdisciplinares como o STEAM (do inglês, Science, Technology, Engineering, Arts e Math), que integram várias disciplinas tais quais Ciências, Tecnologia, Engenharia, Artes e Matemática.

Michel Resnick, do MIT, sintetiza a aprendizagem criativa e mão na massa de crianças em quatro Ps (projetos, pares, propósito e *play*/lúdico). Crianças aprendem melhor realizando projetos, lidando com sentido e um propósito mais amplo, trabalhando em grupo e de forma lúdica.

Comunidades como a Aprendizagem Criativa[31] compartilham suas experiências e são um espaço muito útil para os professores encontrarem inspirações para aplicar à sua realidade específica.

Dois *sites* iniciam professores e alunos na programação: Programaê[32] (inclui planos de aulas para professores) e Eu Posso Programar[33]. Iniciativas ao redor do mundo vêm recebendo apoio para levar programação a diversos públicos, como a Khan Academy, o Code.org, a Hora do Código e a comunidade Scratch.

A aprendizagem por projetos, problemas, por *design*, construindo histórias, vivenciando jogos, interagindo com a cidade com apoio de mediadores experientes, equilibrando as escolhas pessoais e as grupais é o caminho que comprovadamente traz melhores resultados em menor tempo e de forma mais profunda na educação formal.

---

31 Disponível em: <http://aprendizagemcriativa.org>. Acesso em: 19 mar. 2019.

32 Disponível em: <http://programae.org.br>. Acesso em: 19 mar. 2019.

33 Disponível em: <http://www.eupossoprogramar.com>. Acesso em: 19 mar. 2019.

Sobre aprendizagem *maker:*

- Mão na Massa:
  <http://porvir.org/especiais/maonamassa/>[34]
- LOPES, M & OLIVEIRA, V. Laboratórios criam ambiente para aprendizagem *maker*. Do ensino fundamental ao técnico, alunos colocam a mão na massa para fabricar ideias.
  <http://porvir.org/laboratorios-criam-ambiente-para-aprendizagem-maker/>[35]
- Aprendizagem *maker*: infográfico explica a tendência na educação do século XXI:
  <http://info.geekie.com.br/aprendizagem-maker/>[36]
- Como levar a cultura *maker* para dentro da sala de aula:
  <https://redes.moderna.com.br/2018/08/21/cultura-maker-sala-de-aula/>[37]

---

34 Acesso em 19 mar. 2019.

35 Acesso em: 19 mar. 2019.

36 Acesso em: 19 mar. 2019.

37 Acesso em: 19 mar. 2019.

Tecnologias como apoio às metodologias

As tecnologias são muito mais do que artefatos e aplicativos: são ambientes de vida. Integram cultura e competências digitais: um mundo em que tudo se mistura, em que tudo está sempre ao nosso alcance, disponível para aprender, criar e compartilhar.

A BNCC destaca a importância de compreender, utilizar e criar tecnologias digitais de forma crítica, significativa, reflexiva e ética nas diversas práticas sociais (incluindo as escolares) para se comunicar, acessar e disseminar informações, produzir conhecimentos, resolver problemas e exercer protagonismo e autoria na vida pessoal e coletiva.

A tecnologia em rede e móvel e as competências digitais são componentes fundamentais de uma educação plena. Um aluno não conectado e sem o domínio digital perde importantes chances de se informar, de acessar materiais muito ricos disponíveis, de se comunicar, de se tornar visível para os demais, de publicar suas ideias e de aumentar sua futura empregabilidade.

A realidade virtual e aumentada (RV) começa a trazer novas experiências de aprendizagem imersiva, de visualização de materiais, de interação com as histórias, personagens e ambientes. A RV ajuda a estimular a imaginação dos estudantes e oferece uma experiência visual e sensorial forte. Eles podem navegar dentro de um templo egípcio ou entrar em um motor a jato para entender como tudo se encaixa, o que torna as aulas muito mais ativas. Estudar geografia navegando pelo *Google Earth* VR é uma experiência muito impactante para conhecer novos lugares com um realismo sumamente atraente. Experiências em Ciências ou em Química podem ser realizadas de forma muito mais segura e interessante. Por exemplo, para os entusiastas da Biologia, foi desenvolvido um *software* que simula a dissecação de rãs: <http://www.buffalo.edu/news/releases/2008/02/9137.html>[38]

O Google apoia a realidade virtual na educação com o projeto *Expeditions*, utilizando óculos baratos feitos de papelão, que permitem a professores e alunos embarcarem em jornadas imersivas por mais de 200 destinos, transportando-se para qualquer lugar do mundo.

No ensino de Línguas, há muitos aplicativos de realidade virtual em que os alunos mergulham em situações reais e praticam a língua estrangeira de forma natural. Por exemplo, o uso da RV nas escolas Beetools[39]. Outros aplicativos permitem que pessoas de todo o mundo se conectem em um espaço virtual e melhorem suas habilidades linguísticas enquanto jogam e se comunicam.

Docentes e alunos estão acostumados aos aplicativos de comunicação e compartilhamento em tempo real como YouTube, Facebook, Whatsapp e Instagram, dentre outros. A aprendizagem hoje precisa equilibrar o *on-line* e o *off-line*, o digital e o analógico, o escrever a mão e as narrativas em vídeo.

---

38 Acesso em 19 mar. 2019.

39 Disponível em: <https://www.beetools.com.br/>. Acesso em 19 mar. 2019.

As tecnologias digitais são muitas, cada vez mais acessíveis, instantâneas e podem ser utilizadas para se aprender em qualquer lugar, momento e de múltiplas formas. Metodologias ativas com tecnologias em rede e docentes inovadores ampliam as formas de ensinar e aprender. Professores interessantes desenham atividades interessantes, gravam vídeos com atrativos. Professores afetivos conseguem comunicar-se de forma acolhedora com seus estudantes por meio de qualquer aplicativo, plataforma ou rede social. O que faz a diferença não são os aplicativos, mas estarem nas mãos de educadores, gestores e estudantes com uma mente aberta e criativa, capaz de encantar, de fazer sonhar, de inspirar.

Alguns portais como o Innoveedu.org[40] mostram dezenas de experiências inovadoras de utilização das tecnologias na educação, *on-line* e *off-line*, dentro e fora do país. São divididas por nível de ensino, áreas de conhecimento e grau de inovação, mais pontual ou disruptiva. Também recomendo o material intitulado Inova Escola[41] da Fundação Telefônica, que mostra como inserir as tecnologias dentro de uma visão transformadora da Escola, com alguns exemplos práticos. Dois *e-books* interessantes da Editora Santillana também são *Educação no Século 21: Tendências, ferramentas e projetos para inspirar*[42] e o segundo *Tecnologias para a*

---

40   Acesso em: 19 mar. 2019.

41   Disponível em: <http://fundacaotelefonica.org.br/wp-content/uploads/pdfs/INOVA-ESCOLA.pdf>. Acesso em: 19 mar. 2019.

42   Disponível em: <https://smartlab.me/baixe-gratis-nosso-livro-educacao-no-seculo-21/>. Acesso em: 19 mar. 2019.

transformação da educação: experiências de sucesso e expectativas[43]. Crianças e jovens adoram bons vídeos, curtos, emocionantes e sensíveis. O YouTube Edu e o Vimeo são plataformas muito eficientes de oferta de vídeos para sensibilizar, mostrar ideias, experiências e conteúdos para apoio à aprendizagem *on-line* e na sala de aula. Os professores podem buscar os vídeos mais interessantes ou elaborar seus próprios materiais, uma apresentação de *slides* narrada, por exemplo. Professores e alunos podem montar um acervo virtual de seus trabalhos em vídeo e reunir todos num lugar só. Os estudantes podem desenvolver seus projetos em vídeo e compartilhá-los com professores, colegas e famílias.

Há hoje um crescimento do movimento de Recursos Abertos, de disponibilização de conteúdo, de plataformas gratuitas, de Moocs (cursos gratuitos *on-line*), de comunidades de aprendizagem.

Temos portais de apoio aos docentes, estudantes e famílias: Portal do Professor[44], Escola Digital[45], Dia a dia educação[46], que mostram materiais, roteiros de aulas, experiências no uso de tecnologias por nível de ensino e área de conhecimento. Professores e alunos podem fazer cursos sobre seus assuntos de interesse em plataformas de cursos *on-line*

---

43 Disponível em: <https://www.fundacaosantillana.org.br/seminario-tecnologia/pdf/tecnologias-para-a-transformacao-da-educacao.pdf>. Acesso em: 19 mar. 2019.

44 Disponível em: <http://portaldoprofessor.mec.gov.br/index.html>. Acesso em: 19 mar. 2019.

45 Disponível em: <https://rede.escoladigital.org.br>. Acesso em: 19 mar. 2019.

46 Disponível em: <http://www.diaadia.pr.gov.br>. Acesso em: 19 mar. 2019.

como Coursera[47], Miriada X[48], Edx[49], Udacity[50] e Veduca[51]. Alguns desses cursos podem servir para ampliar o acesso a temas atuais e a professores experientes de grandes universidades, em vídeos estimulantes que podem servir como atividades complementares da disciplina trabalhada.

As tecnologias digitais nos ajudam também a tornar visível e *compartilhar* o que estamos aprendendo. São muitos os aplicativos de publicação e compartilhamento como o Wordpress[52], o Blogger do Google[53], o Wix[54], o Google Drive[55] ou o Sway[56]. Podem ser utilizados como ambientes pessoais de aprendizagem para construir portfólios digitais, em que cada estudante registra todas as atividades, seus projetos, reflexões, seu processo de aprendizagem e os compartilha com seus professores, colegas e famílias. Os portfólios digitais favorecem a visibilização do que os estudantes aprendem.

---

47 Disponível em: <https://pt.coursera.org>. Acesso em: 19 mar. 2019.

48 Disponível em: <https://miriadax.net/cursos>. Acesso em: 19 mar. 2019.

49 Disponível em: <https://www.edx.org>. Acesso em: 19 mar. 2019.

50 Disponível em: <https://www.udacity.com>. Acesso em: 19 mar. 2019.

51 Disponível em: <https://veduca.org>. Acesso em: 19 mar. 2019.

52 Disponível em: <https://br.wordpress.org>. Acesso em: 19 mar. 2019.

53 Disponível em: <https://www.blogger.com>. Acesso em: 19 mar. 2019.

54 Disponível em: <https://pt.wix.com>. Acesso em: 19 mar. 2019.

55 Disponível em: <https://www.google.com/intl/pt-BR_ALL/drive/>. Acesso em: 19 mar. 2019.

56 Disponível em: <https://support.office.com/pt-br/article/Introdu%C3%A7%C3%A3o-ao-Sway-2076c468-63f4-4a89-ae5f-424796714a8a>. Acesso em: 19 mar. 2019.

São muito úteis também os murais digitais, que mostram todas as produções dos alunos num mesmo espaço, como o Padlet e o Symbaloo[57].

Destaco alguns outros recursos gratuitos disponíveis para, por exemplo, criação de mapas, mapas conceituais, como o Cmaps Tools, o Mindomo[58] ou o Mindmeister[59], gratuitos e fáceis de utilizar. Vale a pena experimentar aplicativos para criar livros ou revistas digitais como o Bookcreator[60], que transforma uma redação feita a mão num material digital, que pode ser conectado com imagens e vídeos e compartilhado na internet.

É possível e conveniente priorizar a utilização de aplicativos e recursos gratuitos, *on-line*, colaborativos e sociais. Também há inúmeros materiais abertos disponíveis para todas as áreas de conhecimento e níveis de ensino[61].

As tecnologias também são um componente importante para uma avaliação ativa. A avaliação, no contexto da aprendizagem ativa, é um processo contínuo, flexível, que acontece sob várias formas: avaliação diagnóstica, formativa, mediadora; avaliação da produção (do percurso

---

57 Disponível em: <https://www.symbaloo.com/home/mix/13ePGWKT3J>. Acesso em: 19 mar. 2019.

58 Disponível em: <https://www.mindomo.com/pt/>. Acesso em: 19 mar. 2019.

59 Disponível em: <https://www.mindmeister.com/pt/>. Acesso em: 19 mar. 2019.

60 Disponível em: <https://bookcreator.com>. Acesso em: 19 mar. 2019.

61 Como <http://educacaoaberta.org> e <http://educacionabierta.org>. Acesso em: 19 mar. 2019.

– portfólios digitais, narrativas, relatórios, observação); avaliação por rubricas – competências pessoais, cognitivas, relacionais, produtivas; avaliação dialógica; avaliação por pares; autoavaliação; avaliação *on-line*; avaliação integradora; entre outras. Os alunos precisam mostrar na prática o que aprenderam com produções criativas e socialmente relevantes, que explicitem a evolução e o percurso realizado.

É importante partir de onde nossas crianças e jovens estão, jogando e compartilhando, para ampliar suas experiências lúdicas e de compartilhamento; partir dos jogos e das redes para que descubram o prazer de aprender, de pesquisar, de desenvolver projetos reais. Nosso trabalho docente é complexo, porque é difícil equilibrar o necessário uso do digital, sem ficar dependente dele. Partimos do digital para ajudar nossos estudantes a que evoluam em todas as dimensões: para que desenvolvam, por meio do lúdico e das redes, um conhecimento mais amplo, maior autonomia e colaboração. Não é uma tarefa fácil, simples e previsível. Precisa de muita criatividade, diálogo, experimentação, paciência e avaliação.

As redes são como "salas de aula" expandidas nas nossas telas que podem nos ajudar a evoluir sempre em todas as dimensões, mas também podem aumentar nossos preconceitos, dependências e alienação. São espaços educativos e cabe à escola, aos educadores e aos pais fazer um uso mais consciente e integrado com os espaços educativos mais formais e assim conseguir os objetivos de educar para uma vida mais desafiadora e com maior propósito.

A convergência digital exige mudanças muito mais profundas que afetam a escola em todas as suas dimensões: infraestrutura, projeto pedagógico, formação docente e mobilidade. A chegada das tecnologias móveis à sala de aula traz tensões, novas possibilidades e grandes desafios. São cada vez mais fáceis de usar, permitem a colaboração entre pessoas próximas e distantes, ampliam a noção de espaço escolar, integrando alunos e professores de países, línguas e culturas diferentes. E todos, além da aprendizagem formal, têm a oportunidade de se engajar, aprender e desenvolver relações duradouras para suas vidas.

Tecnologias digitais na educação:
<http://www.bibliotekevirtual.org/livros/registrados/pdfs/978-85-99968-49-9.pdf>[62]

Narrativas das experiências docentes com tecnologias digitais:
<https://meocloud.pt/link/9113bebb-c160-45a4-84d7-0af3067b1ceb/narrativas.pdf>[63]

Aprender para educar com tecnologia:
<http://pt.calameo.com/read/000036620b7369d8e32f8>[64]

---

[62] Acesso em: 19 mar. 2019.

[63] Acesso em 19 mar. 2019.

[64] Acesso em 19 mar. 2019.

Tecnologias para ampliar histórias: Realidade aumentada — Expeditions — Cardboard:
<http://www.tudocelular.com/google/noticias/n55305/google-cardboard-chegara-as-salas-de-aula.html>[65]

---

65 Acesso em 19 mar. 2019.

Algumas questões para discussão e aprofundamento

São inúmeras as possibilidades, caminhos e contradições na aprendizagem. Pessoas são diferentes, têm histórias diferentes, jeitos diferentes e fazem escolhas diferentes. Ao mesmo tempo nosso trabalho como gestores e docentes é encontrar quais caminhos que sejam mais viáveis, que atingem melhor os objetivos e ajudam os aprendizes a se mobilizarem mais (mesmo que não do mesmo jeito). Fazemos algumas opções, testamos roteiros, técnicas, atividades que trazem evidências de que atingirão melhor os objetivos pretendidos, sabendo, no entanto, que não atenderão a todos da mesma forma e com os mesmos resultados.

Não é simples **combinar equilibradamente a personalização, a aprendizagem por pares e a tutoria**. Como acompanhar itinerários diferentes em turmas grandes? Como não se perder nos tempos diferentes, ritmos diferentes, projetos diferentes e, ao mesmo tempo, conseguir trabalhar valores comuns, projetos comuns, tempos institucionais previsíveis?

Muitos confundem **"ativismo" (fazer muitas atividades) com metodologias ativas**. Com frequência há certo encantamento com a ação, com os ambientes-*maker*, com os produtos (projetos, vídeos produzidos, aplicativos digitais) e um encantamento menor com a reflexão, a leitura e o aprofundamento conceitual. Ambos são necessários, mas a leitura e a reflexão são um desafio mais complexo para crianças e jovens, que exige dos docentes sintonia fina e persistência para auxiliá-los no desenvolvimento de estratégias progressivamente mais complexas de leitura, reflexão e síntese. Atividades práticas, sem reflexão adequada, podem levar a aprendizagens superficiais e a um desenvolvimento insuficiente das habilidades e competências esperadas em cada etapa de aplicação do currículo. É bem atual a afirmação do cientista social Kurt Lewin: "Nada mais prático do que uma boa teoria". Ou Paulo Freire: teoria-prática. Outro problema frequente é a **falta de repertório de técnicas** de muitos docentes para trabalhar processos longos de aprendizagem como são os escolares. Aplicam uma ou duas técnicas de forma semelhante, muitas vezes. Cada abordagem — problemas, projetos, *design*, jogos, narrativas — tem importância, mas não pode ser trabalhada sempre da mesma forma e como se fosse única. Pesquisas mostram que, passado o impacto da novidade, o interesse dos estudantes e dos docentes diminui.

Metodologias ativas implicam que o aluno participe ativamente. Há diferentes percepções de gestores, docentes, estudantes, escolas e famílias em relação ao alcance dessa participação. Uns entendem só o conceito de participação como pedagógico e restrito à sala de aula; outros entendem a participação como uma negociação mais ampla entre várias escolhas e caminhos didáticos. Há escolas que envolvem mais os pais também nas decisões pedagógicas e curriculares; outras trabalham com níveis avançados de participação dos estudantes, famílias e comunidade em decisões estratégicas da escola, onde a participação é um eixo central do projeto educacional. As metodologias são entendidas de forma mais restrita ou ampla de acordo com o conceito teórico que está por trás delas.

Ao trabalhar as metodologias, docentes apontam com frequência sua preocupação em **dar conta de todo o conteúdo** de sua disciplina. Em escolas mais conteudistas, essa cobrança é mais forte. Nelas, o professor pode explicar como está trabalhando o conteúdo (aula invertida, algumas aulas expositivas, espaços de tira-dúvidas). E sempre deve ficar claro que as metodologias dialogam com o conteúdo e com o desenvolvimento de competências. Cada professor precisa avaliar até onde pode avançar, com que colegas pode contar para trabalhar de forma mais integrada e ir apresentando o processo e os resultados no ambiente digital possível (da escola ou pessoal).

Metodologias ativas pressupõem uma **mudança cultural** na visão sobre a escola de todos — gestores, docentes, funcionários, estudantes, famílias. Não é simples mudar paradigmas mentais consolidados, sair da posição central de docentes para a de mediadores. Exige um investimento maior em formação, experimentação, mais tempo de preparação das atividades, de planejamento em conjunto com vários colegas, de participação maior dos alunos e ter um domínio mais amplo das tecnologias digitais. Alguns avançam mais rapidamente, mas outros precisam de mais tempo, de ter mais exemplos exitosos acontecendo e há um terceiro grupo que resiste ao máximo às mudanças. O papel do gestor é decisivo para diminuir a distância entre os mais proativos e os que têm mais dificuldades. Pode promover maior intercâmbio entre os diversos grupos, troca de experiências, realização de oficinas, compartilhamento das melhores práticas e cobrança de resultados.

A participação maior dos pais é uma boa estratégia. Eles precisam entender a proposta pedagógica da escola, por que faz sentido e como eles podem se envolver mais. As escolas mais avançadas envolvem muito os pais e organizações da cidade no apoio efetivo: participam na gestão mais diretamente, assumem tutorias de alunos com dificuldades, participam de discussões e decisões relevantes. Infelizmente, ainda há pais que transferem a responsabilidade de educar para a escola e não participam ativamente, mesmo insistentemente convidados, para contribuir de forma efetiva.

Metodologias implicam, no médio prazo, em mudar o currículo, os horários, redesenhar os espaços, repensar as formas de contratação (inserindo mais tempos para planejamento conjunto e para as atividades *on-line*). O planejamento das transformações tem impactos pedagógicos e também econômicos. Dependendo do modelo, há que fazer um planejamento de viabilidade econômica para que os professores possam planejar mais juntos, que possam orientar os alunos. Há custos novos na mentoria que precisam ser ganhos na implementação de modelos híbridos bem desenhados.

Conclusão

As escolas têm que ser interessantes para serem relevantes. Precisam encantar, envolver toda a comunidade, surpreender, transformar as vidas de todos. Metodologias ativas são caminhos para o desenvolvimento da aprendizagem criativa, autônoma, colaborativa, abandonando a postura de espaços de replicação de conhecimentos prontos e tornando-se centros de desenvolvimento de competências e valores, com autonomia e flexibilidade crescentes, com a mediação de docentes-*designers*/mentores e o envolvimento ativo dos pais e da comunidade para que todos possam evoluir sempre, contribuir socialmente e realizar-se ao longo de suas vidas.

As metodologias ativas contribuem para redesenhar as formas de ensinar e de aprender, a organização da escola, dos espaços, da avaliação, do currículo, da certificação. A aprendizagem por projetos, problemas, por *design*, construindo histórias, vivenciando jogos, interagindo com a cidade com apoio de mediadores experientes, equilibrando as escolhas pessoais e as grupais é o caminho que comprovadamente traz melhores resultados em menor tempo e de forma mais profunda na educação formal.

Sabemos que o caminho da transformação das escolas é longo, complicado e desigual. Mas só assim ofereceremos reais oportunidades para que todos possam construir uma vida interessante, com propósito e capaz de enfrentar os imensos desafios que nos esperam nos próximos anos num mundo tão complexo e desafiador.

Para saber mais

BACICH, L.; MORAN, J. (Org.). **Metodologias Ativas para uma educação inovadora: uma abordagem teórico-prática**. Porto Alegre: Penso, 2018.

_____.; TANZI NETO, A.; TREVISANI, F. de M. **Ensino Híbrido: personalização e tecnologia na educação**. Porto Alegre: Penso, 2015.

BARBOSA,E.; MOURA, D. Metodologias ativas de aprendizagem na educação profissional e tecnológica. **Boletim Técnico do Senac**, Rio de Janeiro, v. 39, n. 2, p. 48-67, maio/ago. 2013. Disponível em: <http://www.bts.senac.br/index.php/bts/article/view/349>. Acesso em: 19 mar. 2019.

BARRERA, Tathyana Gouvêa. **O Movimento Brasileiro de Renovação Educacional no início do Século XX.** SP: FE-USP, 2016. Tese de Doutorado.

BUCK INSTITUTE FOR EDUCATION. **Aprendizagem Baseada em Projetos: guia para professores de ensino fundamental e médio**. 2. ed. Porto Alegre: Artmed. 2008.

DEWEY, J. **Vida e Educação**. São Paulo: Nacional. 1959a.

FOFONCA, E. et alii. **Metodologias Pedagógicas Inovadoras – Contextos da Educação Básica e da Educação Superior**. Curitiba: Editora IFPR, 2018. Disponível em: <http://reitoria.ifpr.edu.br/wp-content/uploads/2018/08/E-book-Metodologias-Pedagogicas-Inovadoras-V.2_Editora-IFPR-2018.pdf>. Acesso em: 19 mar. 2019.

FUNDAÇÃO TELEFÔNICA. **Inovaeduca – Práticas para quem quer inovar na educação**. Disponível em: <http://fundacaotelefonica.org.br/wp-content/uploads/pdfs/INOVA-ESCOLA.pdf> Acesso em: 19 mar. 2019.

GALVãO, I. **Henri Wallon: Uma concepção dialética do desenvolvimento infantil**. Petrópolis: Vozes, 2011.

HORN, M. B.; STAKER, H. **Blended: usando a inovação disruptiva para aprimorar a educação.** Porto Alegre: Penso, 2015.

MASSON, T e outros. **Metodologia de ensino: aprendizagem baseada em projetos (PBL)**. Disponível em: <http://www.abenge.org.br/cobenge/arquivos/7/artigos/104325.pdf>. Acesso em: 19 mar. 2019.

MORA, Francisco. **Neuroeducación: sólo se puede aprender aquello que se ama**. Madrid: Alianza Editorial, 2013.

MORAN, J. M. Mudando a educação com metodologias ativas. In **Convergências Midiáticas, Educação e Cidadania: aproximações jovens**. Coleção Mídias Contemporâneas. 2015. Disponível em: <http://www2.eca.usp.br/moran/wp-content/uploads/2013/12/mudando_moran.pdf>. Acesso em: 19 mar. 2019.

NOVAK, J. D.; GOWIN, D. B. **Aprender a aprender**. 2. ed. Lisboa: Plátano Edições Técnicas; 1999.

PITA, M. Aula invertida: 11 dicas de como fazer. Disponível em: <http://www.arede.inf.br/aula-invertida-11-dicas-de-como-fazer/> Acesso em: 19 mar. 2019.

RIBEIRO, P. ; ZENTI, L. O impacto na pedagogia. Como as novas abordagens pedagógicas surgidas a partir do uso tecnológico estão alterando o processo de ensino-aprendizagem nas salas de aula brasileiras. Especial Tecnologia. **Revista Educação**. Edição 211. Novembro/2014. Disponível em: <http://www.revistaeducacao.com.br/o-impacto-na-pedagogia/>. Acesso em: 19 mar. 2019.

ROGERS, C. **Liberdade para Aprender**. Belo Horizonte: Ed. Interlivros, 1973.

SCHMITZ, E. **Sala de Aula Invertida: uma abordagem para combinar metodologias ativas e engajar alunos no processo de ensino-aprendizagem**. Programa de Pós-Graduação em Tecnologias Educacionais em Rede-CE/UFSM – Disponível em: <https://nte.ufsm.br/images/PDF Capacitacao/2016/RECURSO_EDUCACIONAL/Ebook_FC.pdf>. Acesso em: 19 mar. 2019.

SCHWARTZ, K. O Movimento "*Maker*" poderá se infiltrar nas Salas de Aula Convencionais? Disponível em: <http://ww2.kqed.org/mindshift/2014/07/02/can-the-maker-movement-infiltrate-mainstream-classrooms/>. Acesso em: 19 mar. 2019.

VALENTE, J. **Blended learning e as mudanças no ensino superior: a proposta da sala de aula invertida.** Disponível em <http://www.scielo.br/pdf/er/nspe4/0101-4358-er-esp-04-00079.pdf>. Acesso em: 19 mar. 2019.

_____; ALMEIDA, M. E. B. Narrativas digitais e o estudo de contextos de aprendizagem. **Revista Em Rede**. v. 1, n. 1, 2014. Disponível em: <http://aunirede.org.br/revista/index.php/emrede/article/view/10>. Acesso em: 19 mar. 2019.

YOUNG DIGITAL PLANET. **Educação no século XXI: Tendências, ferramentas e projetos para inspirar**. São Paulo: Fundação Santillana, 2016. Disponível em: <https://smartlab.me/baixe-gratis-nosso-livro-educacao-no-seculo-21/>. Acesso em: 19 mar. 2019.

Central de Atendimento
E-mail: atendimento@editoradobrasil.com.br
Telefone: 0300 770 1055

Redes Sociais
facebook.com/editoradobrasil
youtube.com/editoradobrasil
instagram.com/editoradobrasil_oficial
twitter.com/editoradobrasil

Acompanhe também o Podcast Arco43!

Acesse em:

www.editoradobrasil.podbean.com

ou buscando por Arco43 no seu agregador ou player de áudio

Spotify   Google Podcasts   Apple Podcasts

www.editoradobrasil.com.br